섬나라 영국 사람들은 온 세상 바다를 누비고 다녔어.
얼마 뒤에는 영국에서 발명된 증기 기관차가
온 세상을 내달리게 되었지.
칙칙폭폭, 영국으로 떠나 보자.

산업 혁명을 일으킨 영국

박혜정 글 | 김주경 그림

유럽에는 섬나라 영국이 있어.

영국의 수도는 런던이야. 런던에는 템스강이 길게 흐르지.

템스강 주변에는 커다란 시계탑 '빅 벤'과 대관람차 '런던 아이',

큰 배가 지날 때면 위로 열리는 다리 '타워 브리지' 같은 볼거리가 많아.

런던에는 진짜 왕이 사는 버킹엄 궁전도 있어.

버킹엄 궁전 앞에는 왕실을 지키는 근위병이 있지.

멋진 제복에 커다란 털모자를 쓴 병사들이

저벅저벅 행진하는 모습은 영국을 상징하는 멋진 광경이야.

먼 옛날, 영국 왕의 힘이 아주 셀 때도 있었지만 지금은 그렇지 않아.
대신 영국의 왕은 영국 사람들의 마음을 하나로 모으는 역할을 하고 있지.
오늘은 영국의 왕들을 만나 보자.

영국을 대표하는 왕 중에 **엘리자베스 1세**가 있어.
지금으로부터 500년 전쯤 엘리자베스가 여왕이 되었을 때만 해도
영국은 유럽의 변두리에 있는 작은 나라일 뿐이었어.
엘리자베스 1세는 영국을 부강한 나라로 만들고 싶었지.

어떻게 하면 영국이 더 강하고 잘사는 나라가 될 수 있을까?
엘리자베스 여왕은 바다 건너 유럽의 다른 나라들을 살펴보았고,
그곳에서 아주 큰 변화가 시작되고 있다는 걸 알아차렸어.
특히 에스파냐와 포르투갈이 대서양과 태평양을 항해하며
새로운 세계로 발걸음을 내딛고 있었거든.
사방이 바다로 둘러싸인 영국에게도 좋은 기회가 생겼던 거야.

하지만 영국에게는 강력한 해군이 없었어.

탐험대를 지원할 만큼 넉넉한 돈이 있는 것도 아니었지.

그때 여왕의 눈에 들어온 사람이 있었어. 바로, 해적 **드레이크**야.

드레이크는 아메리카 대륙에 있는 에스파냐의 식민지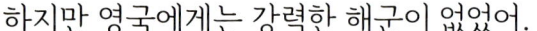를 침략하거나

금과 은을 실어 나르는 에스파냐 상인들의 배를 공격해서 큰돈을 벌고 있었지.

"드레이크의 배가 나타났다!"

에스파냐 배들은 드레이크의 배를 마주치면 도망가기에 바빴어.

● **식민지** 정치·경제적으로 다른 나라의 지배를 받는 나라.

드레이크는 해적이었지만 탐험가이기도 했어.
세계 일주를 최초로 성공했던 마젤란의 탐험대에 이어서
두 번째로 세계 일주에 성공한 사람이었지.
엘리자베스 여왕은 드레이크의 활동을 도와주었고,
왕의 보호를 받으며 드레이크는 넓은 바다를 마음껏 누비고 다녔어.
에스파냐의 배들은 더욱더 자주 공격받았고,
드레이크의 명성은 점점 높아만 갔지.

에스파냐도 당하고만 있지는 않았어.
에스파냐의 국왕인 **펠리페 2세**가 엘리자베스 1세에게 요청했지.

"당장 드레이크를 감옥에 가두거나 처형하시오!"

하지만 엘리자베스 여왕은 그 말을 듣지 않았어.
오히려 드레이크를 귀족으로 인정해 주면서
중요한 사람으로 대접했지.

그 소식을 들은 펠리페 2세는 몹시 화가 났어.
사실, 드레이크 일 말고도 둘 사이가 나빠질 일이 많았거든.
펠리페 2세가 엘리자베스 여왕에게 결혼하자고 했다가
거절당한 일도 있었고,
에스파냐와 네덜란드 사이에 벌어진 전쟁에서
영국이 네덜란드를 돕기도 했지.

그뿐이 아니야. 맙소사, 또 있다고?
당시 유럽에는 종교 개혁 운동이 한창 펼쳐지고 있었거든.
유럽 사람들이 오랫동안 믿어 오던 크리스트교가
가톨릭과 개신교, 이렇게 두 개로 나뉘게 되었지.
에스파냐의 국왕은 가톨릭만 인정했고, 영국은 개신교를 받아들였어.
사사건건 부딪칠 일이 많았던 에스파냐와 영국의 사이는
점점 나빠지다가 결국 전쟁까지 벌어지고 말았어.

전쟁을 앞둔 펠리페 2세는 자신감이 넘쳤어.

당시 에스파냐 해군은 '무적함대'라는 별명으로 불릴 만큼 강했거든.

영국도 전쟁을 준비하며 새로운 배와 성능 좋은 대포를 만들었어.

영국 앞바다에서 영국과 에스파냐의 해군이 맞붙게 되었지.

많은 사람이 에스파냐가 이길 거라고 생각했지만,

실제로 전쟁에서 승리한 나라는 영국이었어!

작지만 재빠른 배, 멀리 쏠 수 있는 대포,

바람의 방향을 활용한 작전이 모두 영국에게 유리했거든.

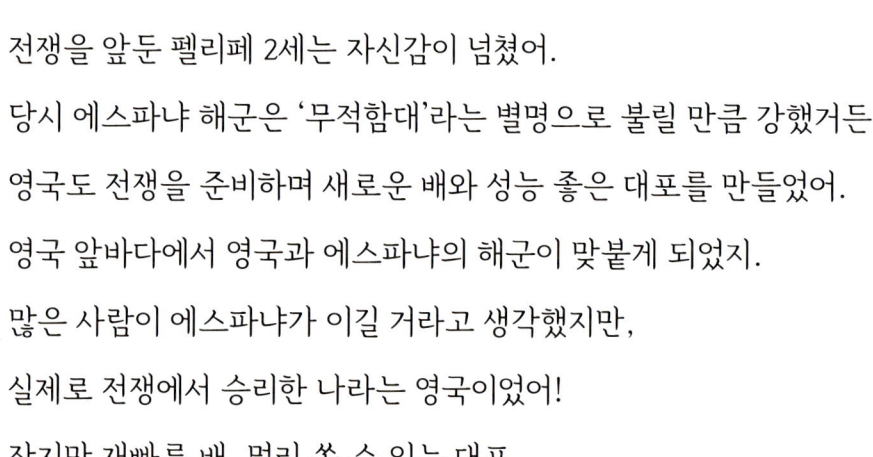

이때 영국의 해군을 이끈 사람이 누구인지 알겠니? 맞아, 드레이크야!
드레이크는 화약과 기름을 실은 배에 불을 붙여 보내서
에스파냐의 많은 배를 불태워 버렸어.
에스파냐의 무적함대는 큰 피해를 입은 채 전쟁을 끝내야 했지.
이제 영국은 당당하게 더 넓은 바다로 나갈 수 있게 되었어.

엘리자베스 1세는 45년 동안 영국을 다스렸어.
에스파냐의 무적함대를 무찌르는 강력한 해군을 만들었을 뿐만 아니라,
영국에 필요한 일들을 하나둘 해냈지. 가난한 사람들을 위한 법을 만들고,
아시아와 무역을 하기 위해 동인도 회사를 세우기도 했어.
양털을 깎아서 옷감을 만드는 모직물 산업이 더욱 발달한 것도 이때부터야.
엘리자베스 여왕은 '훌륭한 베스 여왕'이라고 불리며
영국인들의 사랑과 존경을 받았지.

그렇지만 왕이 아무리 훌륭하다고 해도
왕 혼자 나라를 다스릴 수는 없어.
특히 영국에는 귀족들로 이루어진 의회가 있어서
왕은 의회의 도움을 받아야 했지.
귀족들이 낸 세금이 있어야 나라에 필요한 일을 할 수 있었거든.
엘리자베스 여왕은 훌륭한 왕이기도 했지만,
의회와도 잘 어우러지며 일했어.

하지만 여왕의 뒤를 이은 **제임스 1세**는 의회와 자주 부딪쳤어.
제임스 1세는 이렇게 생각했거든.

"내가 왕이 된 것은 신의 뜻이야.
백성들은 신을 따르듯 왕을 따라야 해."
"전쟁을 벌이거나 세금을 걷는 것은
국왕이 결정할 일이야.
의회가 감히 국왕의 결정에 반대를 하다니!"

한편, 의회의 생각은 달랐지.

"영국 국왕은 늘 의회를 존중해 왔습니다. 의회의 목소리에 귀를 기울이세요."
"전쟁을 벌이거나 세금을 걷으려면 반드시 의회의 허락을 받으세요!"

왕과 의회의 생각이 너무나 달라서 둘 사이는 점점 더 나빠졌어.
왕을 따르는 '왕당파'와 의회를 따르는 '의회파'로 편이 갈리고 말았지.

제임스 1세의 아들인 **찰스 1세**도 아버지처럼 나라를 다스렸어.
의회를 무시하고 왕 마음대로 모든 일을 결정했던 거야.
왕당파와 의회파 사이는 점점 더 나빠져 갔어.
왕이 군대를 보내서 의회파 사람들을 잡아 가두려고 하자
의회파도 가만있지 않았지. 둘은 힘겨루기를 계속했고,
결국 전쟁까지 벌이고 말았어.

의회파와 왕당파의 다툼은 어떻게 끝났을까?

전쟁에서는 의회파가 승리하면서 찰스 1세를 처형하기로 했어.
그럼 의회파가 이긴 건가? 하지만 시간이 좀 더 지난 뒤에는
찰스 1세의 아들이 새롭게 왕이 되어 왕당파 편을 들어주었지.
그럼 왕당파가 이긴 거야? 남은 이야기를 들려줄게. 잘 들어 봐.

Bill of Rights

찰스 1세의 아들인 찰스 2세와 또 그 뒤를 이은
제임스 2세는 안타깝게도 찰스 1세와 똑같은 실수를 했어.
맞아, 의회를 무시하고 왕 마음대로 모든 일을 결정했던 거야.
더군다나 왕은 자기가 믿는 가톨릭만 옳다고 생각하고,
개신교를 믿는 영국 사람들을 못살게 굴며 차별했어.

이런 왕이 지긋지긋해진 영국의 의회는 **권리 장전**이라는 법을 만들었어.
왕이 가진 막강한 힘을 의회가 가져온다는 내용을 문서에 담았지.
그리고 권리 장전에 찬성하는 새로운 왕을 데려오기로 했어.

"네덜란드의 총독과 결혼했던 메리 공주가
남편 윌리엄과 함께 영국의 항구에 도착했습니다!"

제임스 2세는 자신의 딸과 사위가 군대를 이끌고 왔다는 소식을 듣고는
허둥지둥 외국으로 도망가 버렸어. 영국 의회가 데려온 새로운 왕이
메리 2세와 그녀의 남편 윌리엄 3세였고, 부부가 함께 왕위를 잇게 된 거야.

메리 2세와 윌리엄 3세는 의회를 존중하기로 약속하며 권리 장전을 따랐어.

앞으로 영국에서 왕이 되는 사람은 권리 장전을 꼭 지켜야 했지.

이때부터 영국은 왕이 제멋대로 다스리는 나라가 아니라,

의회가 만든 법에 따라 다스려지는 나라가 된 거야.

왕과 의회가 더는 싸우지 않고 서로를 존중할 수 있게 되었지.

피를 흘리지 않고 평화롭게 이루어진 혁명이라는 뜻에서

이 사건을 **명예혁명**이라고 해.

민주주의는 국민이 함께 나랏일을 결정하는 정치 제도야.
국민을 대표하는 사람들이 의회에 모여 의견을 내는 방식의
민주주의를 앞장서서 발달시킨 나라가 영국이야.
맨 처음 의회에는 적은 수의 귀족들만 있었지만,
점점 더 다양한 사람이 함께하며 자신들의 목소리를 낼 수 있게 되었지.
이제 영국은 유능한 정치인이 다스리는 나라가 되었어.
왕은 정치인을 돕거나 영국 사람들의 마음을 모으는 역할을 맡았지.
나라가 안정되면서 영국은 더욱 발전하게 돼.

영국 사람들은 바다 건너 이곳저곳을 힘차게 오갔어.
대서양 너머의 아메리카 대륙과 유럽 아래쪽에 있는 아프리카 대륙,
인도와 중국이 있는 아시아 대륙까지 건너갔지.

제일 먼저 아메리카 대륙에 가 볼까?
아메리카에 정착한 영국인들은 밀과 사탕수수, 담배 농사를 지었어.
특히 사탕수수에서 얻을 수 있는 설탕은 유럽에서 아주 인기 있는 상품이었지.
아메리카에서 사탕수수가 쑥쑥 자랐어.

아메리카

대서양

아프리카 대륙에서는 어땠을까?
영국 상인들은 아프리카 사람들을 노예로 사 왔어.
그러고는 일손이 필요한 아메리카의 사탕수수 농장에 노예를 팔았지.
아프리카 사람들은 자기가 살던 곳을 강제로 떠나야 했고,
낯선 아메리카 땅에서 힘든 일을 해야 했어.
아프리카에서는 눈물이 뚝뚝 흘러내렸지.

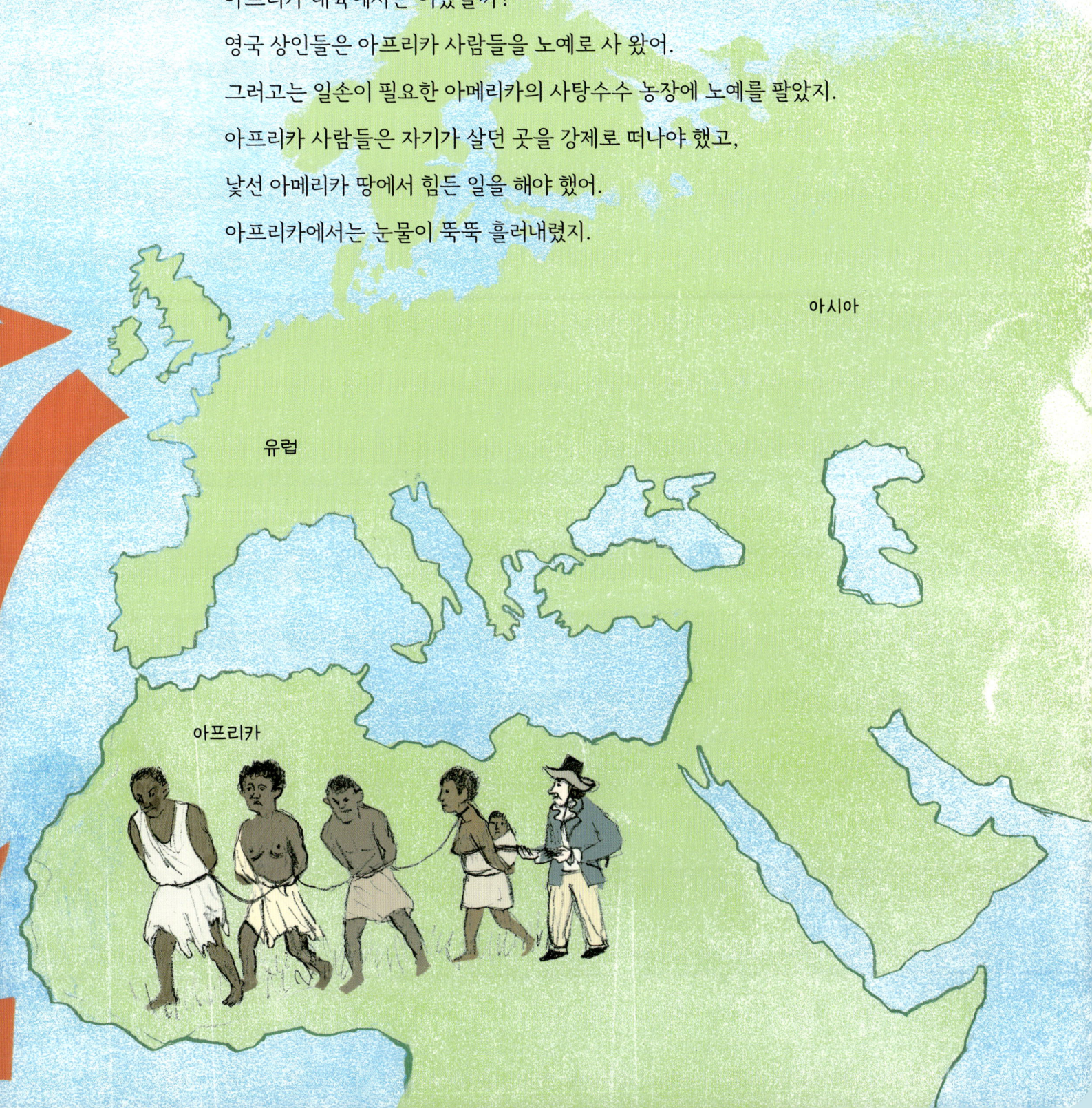

이번에는 인도로 가 볼까?

영국 상인들은 인도에서 사들인 물건을 영국에 내다 팔며 돈을 벌었어.

처음에는 향신료가 인기 상품이었지만 나중에는 면직물이 인기였지.

면직물은 목화에서 뽑은 실로 만든 옷감인데,

가볍고 얇으면서도 염색하거나 세탁하기에 좋았거든.

인도에서는 아주 오래전부터 목화를 재배해서 질 좋은 면직물을 만들고 있었어.

면직물의 인기가 치솟자 영국 사람들은 생각했어.
'영국에서 직접 면직물을 만들면 어떨까?'
한발 더 나아가 이런 생각을 하는 사람들도 생겨났어.
'목화에서 실을 뽑고, 실로 옷감을 만드는 일은
기계가 할 수 있지 않을까?'
그리고 정말 그런 기계를 만들어 냈어!

그렇게 영국에서 실 뽑는 기계와 옷감 짜는 기계가 발명되었어.

기계와 더불어 또 필요한 게 있는데, 그것은 기계를 움직이게 하는 힘이야.

힘이라고? 오늘날 우리가 사용하는 컴퓨터나 세탁기 같은 기계를 떠올려 봐.

그런 기계가 작동하려면 전기 콘센트를 꽂아서 전기의 힘을 받아야 하지.

하지만 이때는 전기가 발명되기 전이었어.

그럼 어떻게 기계를 움직여야 할까?

이 문제를 해결한 사람이 바로 **제임스 와트**야.

제임스 와트는 물이 부글부글 끓을 때 생겨나는 증기를 이용해서 힘을 얻는 장치인 '증기 기관'을 좀 더 쉽게 사용할 수 있도록 고쳤어.

전기가 발명되기 전까지 증기 기관의 힘으로 기계를 움직이게 되었지.

증기 기관과 기계를 갖춘 공장이 영국 곳곳에 세워지기 시작했어.

증기 기관은 공장의 기계만 움직였던 게 아니야.
증기 기관을 이용해서 기차도 달리게 하고
배도 움직이게 했지.

칙칙폭폭! 증기 기관차가 철길 위를 달리며
물건을 구석구석으로 옮겼어.
뿌움뿌움! 증기를 내뿜는 증기선도
사람과 물건을 싣고 바다를 누볐지.

그뿐만이 아니야. 기계를 만들기 위해서는 철이 필요하고,
증기 기관을 움직이기 위해서는 석탄이 필요했지.
철을 만드는 철강 산업과 석탄을 캐내는 석탄 산업도 발달하게 되었어.
면직물 산업에서 시작된 크고 작은 변화들이 다양한 산업을 발달시켰던 거야.
영국에서 일어난 이러한 변화를 **산업 혁명**이라고 해.

영국의 산업 혁명은 전 세계로 퍼져 나갔어.

프랑스, 독일, 러시아, 미국 같은 나라들도 곧 영국을 따라갔지.

산업 혁명이 일어나기 전까지 사람들은 농사를 짓거나 가축을 키우며 살았어.

몇천 년 동안 이어져 오던 사람들의 생활 모습이

산업 혁명을 겪으며 크게 바뀌었지.

뚝딱뚝딱, 새로운 공장이 지어지고 기계는 끊임없이 물건을 만들어 냈어.
기계를 사들여 공장을 지을 수 있는 사람들을 '자본가'라 부르고,
공장에서 기계를 다루며 일하는 사람들을 '노동자'라 불러.
노동자는 자본가가 지은 공장에서 일하며 돈을 벌지.

철커덕철커덕, 기계가 쉬지 않고 돌아가는 공장에서
기계처럼 일하는 사람들이 있었어. 맞아, 노동자들이야.
이 당시 영국의 노동자들은 밤낮없이 일했지만,
넉넉하게 먹고살 만큼의 돈을 받지 못했어.
심지어 어린이들까지 일해야 했지.
석탄을 캐는 탄광에서도,
기계와 기계 사이의 통로가 좁은 공장에서도
어린이 노동자가 일하고 있었어.

이때 영국의 별명은 '세계의 공장'이었어.
런던을 비롯한 영국의 도시들에 정말이지 많은 공장이 들어섰거든.
영국의 공장에서 만들어진 많은 물건이 세계 곳곳으로 팔려 나갔고,
영국 사람들은 더더욱 바빠졌지.

영국 상인들은 공장에서 만든 면직물을 인도에 내다 팔았어.

인도에서 자신들이 원하는 것을 구하기 위해

인도 사람들에게 목화 말고도 차나 아편* 같은 것들을 농사짓게 했지.

물건들을 쉽게 나르기 위해 인도에 철도를 만들고,

영국인들을 보호한다는 핑계로 군대를 두기도 했어.

그러더니 끝내 인도를 영국의 식민지로 만들어 버렸지.

인도 사람들이 맞서 싸워 보려 했지만,

강력한 무기를 가진 영국 군인들을 이기기는 힘들었어.

● **아편** 양귀비꽃의 진으로 만든 중독성이 강한 물질.

영국 상인들은 인도에서 재배한 아편을 중국에 내다 팔면서 돈을 벌기도 했어.

아편에 중독된 중국 사람들이 크게 늘면서 문제가 커지자,

중국 관리가 영국 배에 실려 있던 아편을 모두 불태워 버렸지.

이 일로 인해 두 나라 사이에 전쟁이 벌어졌어.

바로 아편 전쟁이야.

아편 전쟁에서 승리한 나라는 영국이었고,
영국 상인들은 중국에서 더 자유롭게 물건을 사고팔 수 있게 되었어.
중국으로부터 홍콩섬을 빼앗은 것도 이때 벌어진 일이야.

어느덧 영국은 아프리카와 아시아, 오세아니아와 아메리카까지
세계의 모든 대륙에 식민지를 둔 나라가 되었어.
이때 영국을 다스리고 있던 왕이 빅토리아 여왕이었거든.
영국인들은 이 시대를 '빅토리아 시대'라고 부르면서 자랑스러워해.
하지만 영국의 발전 뒤에는 식민지 사람들의 아픔이 있었다는 것도
함께 기억했으면 좋겠어.

나의 첫 역사 여행

4개의 국가로 이루어진 영국

런던

영국의 정식 이름은 '그레이트브리튼 북아일랜드 연합 왕국'이야.
이름에서 알 수 있듯이 영국은 단순히 하나의 나라가 아니야.
그레이트브리튼섬의 잉글랜드, 스코틀랜드, 웨일스와 더불어
그 옆에 있는 아일랜드섬의 북아일랜드까지 합쳐서 영국을 이루거든.
이 넷은 국기나 의회, 수도가 모두 따로 있어.
잉글랜드의 수도는 런던, 스코틀랜드의 수도는 에든버러,
웨일스의 수도는 카디프야. 북아일랜드의 수도는 벨파스트지.
잉글랜드의 수도인 런던에는 영국 국회 의사당이 있어.
세계 최초의 의회 민주주의가 이곳에서 발전했다는 걸 상징하는 건축물이야.
영국 국회 의사당의 양쪽 끝에는 시계탑 빅 벤과 빅토리아 타워가 있지.

영국 국회 의사당

영국 지도

에든버러

에든버러성

웨일스 카디프에 위치한 카디프성

엘리자베스 1세를 영국의 여왕이라고 부르지만,
실제로 엘리자베스 1세가 다스린 곳은 잉글랜드였어.
엘리자베스 1세가 죽고 난 뒤에 잉글랜드의 왕위를 이은
제임스 1세는 원래 스코틀랜드의 왕이었지.
한 명의 왕이 스코틀랜드와 잉글랜드를 다스렸던 거야.
이때만 해도 둘은 독립된 다른 나라였지만,
1706년에 이르러 하나의 나라로 통합되었어.
그전에는 스코틀랜드와 잉글랜드 사이에 자주 전쟁이 벌어졌고,
스코틀랜드는 잉글랜드의 침입을 막기 위해 단단한 성을 쌓았어.
그렇게 지어진 성이 에든버러성이야. 지금도 이곳에 올라가면
에든버러 시내를 한눈에 바라볼 수 있어서 많은 관광객이 찾아와.
웨일스의 수도 카디프에도 오랜 역사를 품고 있는 카디프성이 있어.

벨파스트

벨파스트는 북아일랜드에서 가장 큰 항구 도시야.
한때 세계에서 가장 큰 조선소(배를 만들거나 고치는 곳)가
세워질 정도로 전성기를 누렸던 곳이지.
벨파스트는 영국의 산업 중심지로서 중요한 역할을 했어.
1912년에 2200여 명의 사람을 태우고 미국 뉴욕으로 가다가
대서양에서 침몰한 배 '타이타닉호'에 대해 들어 본 적 있니?
타이타닉호가 만들어진 곳이 이곳 벨파스트였어.
사고가 일어난 지 100년이 지났을 때 그 배를 만든 조선소가 있던 장소에
타이타닉호의 역사를 엿볼 수 있는 박물관 '타이타닉 벨파스트'가 세워졌지.

타이타닉 벨파스트

나의 첫 역사 클릭!

세상을 변화시킨 영국의 과학자와 철학자

영국에서 명예혁명이 벌어지던 무렵에는 사람들의 생각도 크게 변화하고 있었어.
그러면서 과학과 철학이 특히 발달하게 되었지.
영국의 과학자 아이작 뉴턴은 '만유인력의 법칙'을 발견해 낸 사람으로 유명해.
우주 속 모든 물체에는 서로 끌어당기는 힘이 작용한다는 걸 알아냈던 거야.
우주와 자연에서 벌어지는 일들은 겉보기에는 혼란스럽고 규칙도 없어 보여.
그때까지만 해도 사람들은 '신이 그렇게 만들었으니까'라고 생각하며
모든 일이 신의 뜻이라 여기는 경우가 많았지.
하지만 뉴턴은 자연에서 벌어지는 모든 일에는 법칙이 있다는 걸 알아냈고,
그것을 수학이나 과학으로 증명해 냈어.
뉴턴은 만유인력의 법칙 말고도,
'운동의 세 가지 법칙'을 찾아내서 정리했지.
그 세 가지 법칙은 관성의 법칙,
가속도의 법칙, 작용과 반작용의 법칙이야.
뉴턴의 법칙은 앞으로 과학이 발달하는 데
아주 큰 영향을 끼치게 돼.

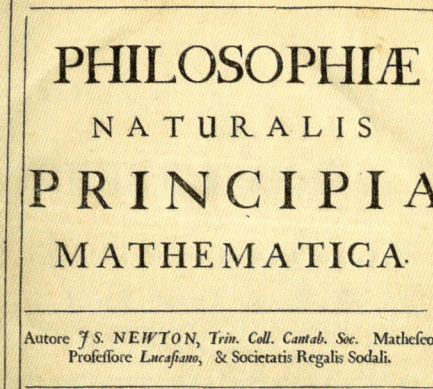

만유인력의 법칙을 세상에 처음 알린 뉴턴의 물리학책 《프린키피아》

영국의 철학자 존 로크는 《시민정부론》이라는 책에서 이런 주장을 했어.
'인간은 자유롭고 평등한 자연 권리를 가지며 정부는 이 권리를
보장하기 위해 존재한다. 정부의 권력은 인간이 동의해서 나오는 것이고,
정부가 인간의 권리를 지켜 주지 못한다면 정부를 바꿀 수 있다.'
이런 로크의 사상을 '사회 계약설'이라고 하는데,
영국의 명예혁명이 일어나는 데 중요한 역할을 했어.

| 아이작 뉴턴의 초상화 | 존 로크의 초상화 |

또한 로크의 사상은 프랑스의 몽테스키외, 루소 같은 철학자들에게도
영향을 끼쳐서 계몽사상이 발달하는 데에도 큰 역할을 했지.
계몽사상은 인간의 이성으로 낡은 관습이나 잘못된 믿음을 과감하게 바꾸자는 사상이야.
'신의 뜻이니까' 또는 '원래부터 그랬으니까' 이렇게 여겨 왔던 것을
인간이 이성적으로 생각해서 합리적으로 바꿔 나가자고 주장했어.
계몽사상은 미국 독립 혁명과 프랑스 혁명이 일어나는 데 많은 영향을 주었지.

글 박혜정

성균관대학교 역사교육과에서 공부했습니다. 중학교에서 역사를 가르치며 학생들과 세계사의 재미를 나누고 있습니다. 두 아이의 엄마로, 아이를 무릎에 앉혀 놓고 그림책을 읽어 주던 때가 인생에서 빛나던 시절 중 하나라 여기고 있습니다.

그림 김주경

대학에서 디자인을 공부하고, 지금은 어린이책에 그림을 그리는 일러스트레이터로 활동하고 있습니다. 쓰고 그린 책으로《아기 업고 레디, 액션!》,《콧속이 간질간질》,《다시 그려도 괜찮아》 등이 있고, 그린 책으로 《민주 시민 학교 1, 2》,《김마녀 가게》,《엄마 소방관, 아빠 간호사》,《첩자가 된 아이》 등이 있습니다.

나의 첫 세계사 13 — 산업 혁명을 일으킨 영국

1판 1쇄 발행일 2023년 9월 4일

글 박혜정 | **그림** 김주경 | **발행인** 김학원 | **편집** 박현혜 | **디자인** 박인규
저자·독자 서비스 humanist@humanistbooks.com | **용지** 화인페이퍼 | **인쇄** 삼조인쇄 | **제본** 다인바인텍
발행처 휴먼어린이 | **출판등록** 제313-2006-000161호(2006년 7월 31일) | **주소** (03991) 서울시 마포구 동교로23길 76(연남동)
전화 02-335-4422 | **팩스** 02-334-3427 | **홈페이지** www.humanistbooks.com

글 ⓒ 박혜정, 2023   그림 ⓒ 김주경, 2023
ISBN 978-89-6591-519-5 74900
ISBN 978-89-6591-460-0 74900(세트)

- 이 책은 저작권법에 따라 보호받는 저작물이므로 무단 전재와 무단 복제를 금합니다.
- 이 책의 전부 또는 일부를 이용하려면 반드시 저작권자와 휴먼어린이 출판사의 동의를 받아야 합니다.
- **사용연령 6세 이상** 종이에 베이거나 긁히지 않도록 조심하세요. 책 모서리가 날카로우니 던지거나 떨어뜨리지 마세요.